Ing. Claudio Delaini e Ing. Renato Delaini

NON SCOTTARTI CON LA MOKA
GUIDA AI MOCA

Adempimenti e requisiti minimi dei materiali e oggetti a contatto alimentare

Novembre 2017

© 2017 Ing. Claudio Delaini e Ing. Renato Delaini

Tutti i diritti sono riservati a norma di legge
e a norma di convenzioni internazionali
Prima edizione: novembre 2017

ISBN: 978-1979328456

Autore: Ing. Claudio Delaini e Ing. Renato Delaini

Copertina:
immagine di Ludovico Valoroso
Progetto editoriale di : Boostershot di Silvia Lanzalotta

SOMMARIO

1_ MOCA (MATERIALI E OGGETTI A CONTATTO CON ALIMENTI) 5

2_ NORMATIVA QUADRO EUROPEA 9

_ REGOLAMENTO (CE) 2023/2006 -GMP- 12

3_ LA NORMATIVA ITALIANA 14

4_ LA DICHIARAZIONE DI CONFORMITÁ 22

_ ESEMPIO 1: LA DICHIARAZIONE 25

_ ESEMPIO 2: LA DICHIARAZIONE 26

_ MODELLO DA COMPILARE 27

5_ DAL SITO DEL MINISTERO 31

6_ AGENZIA DELLE DOGANE - PER L'IMPORTATORE 41

capitolo 1

MOCA
(MATERIALI E OGGETTI A CONTATTO CON ALIMENTI)

GUIDA SUGLI ADEMPIMENTI E SUI REQUISITI MINIMI DEI MATERIALI A CONTATTO ALIMENTARE

NOVEMBRE 2017

PREMESSA

L'occasione per questo booklet è data dalla pubblicazione del D. Lgs 29/2017.
Questo decreto ha scatenato il pandemonio, perché prevede all'art. 6 che ciascun "attore" della filiera comunichi il suo sito produttivo (o i suoi), per consentire i controlli sulla "buona pratica di produzione".
La comunicazione era indicata come "libera": e non si sapeva bene come fare e di tempi erano stretti.
Allora il Ministero della Salute ha redatto una circolare contenente un modello. Questo misterioso modello ha scatenato l'inferno e la confusione, perché fino a quel momento nessuno badava molto a queste cose: **ora invece si deve uscire allo scoperto.**
Se non si fa la comunicazione si è automaticamente sanzionabili (e le multe possono essere pure salate).

Ma compilare questo modello significa entrare nel vivo dei MOCA: e nessuno –*a quanto pare*- ne sa granché.
Ecco lo scopo di questa libretto.

NON SI TRATTA DI COSA NUOVA

Visto che qualcuno "cade dalle nuvole" e si lamenta della confusione solita, quando bisogna applicare qualche normativa, allora raccontiamo: ci stiamo lavorando di continuo, abbiamo visto tanti casi, ne scegliamo alcuni più significativi.
Chi non sapeva, poteva immaginare.
Nel 2009 abbiamo dato una preziosa consulenza ad un simpatico costruttore di Tritacarne. Noi ovviamente eravamo sul pezzo per quanto riguarda le sicurezze, il sistema di comando, il manuale. Tuttalpiù eravamo avvertiti che la macchina doveva consentire una facile pulizia, e quindi non avere

angoli e pertugi irraggiungibili, in cui si potesse annidare la sporcizia.
Ma sul materiale ne sapevamo poco nulla. E abbiamo cominciato così.
Poi è arrivato un purificatore per acqua ad osmosi inversa: e abbiamo applicato la direttiva 2005/79/CE.
Poi macchine per confezionare alimenti, per preparare il caffè, una bellissima macchina per fabbricare i gelati… e poi una azienda che fabbrica una moltitudine di articoli e macchine per la pasta.
Un costruttore di macchine frigo (espositori) per supermercati se l'è cavata scrivendo sul manuale che era adatto solo per prodotti CONFEZIONATI. BRAVISSIMO!
Ma la situazione più "carina" è stata quella di un importatore dalla Cina, che voleva acquistare e importare rubinetti: qui il problema stava nei test report da allegare alle pratiche per l'importazione. Abbiamo contattato un famoso laboratorio, dove una gentile dottoressa ci ha spiegato quali test bisognava avere (o fare in Italia) relativi al rilascio dei metalli proibiti.
Alla fine del 2012 e fino a tutto il 2013 c'è stata il boom delle sigarette elettroniche, tutte dalla Cina, ma sapevamo già tutto.
Insomma è una storia che viene da lontano. E continua anche oggi, tutti i mesi.
E mi meraviglio quando certi fabbricanti chiamano e cascano dalle nuvole.

Ora, se ci segui piano piano ti portiamo a risolvere il tuo problema.

Cercheremo di evitare il più possibile il "tecnichese", che abbiamo in grande antipatia.

CHE ROBA È?

L'acronimo "MOCA" sta per Materiali-Oggetti-Contatto-Alimenti e mira a garantire il funzionamento efficace del mercato in Europa per quanto attiene all'immissione sul mercato comunitario dei materiali e degli oggetti destinati a venire a contatto direttamente o indirettamente con i prodotti alimentari
Sono definiti "materiali a contatto" quei materiali e oggetti destinati a venire a contatto –direttamente o indirettamente- con gli alimenti. Con tale termine si indicano anche i materiali ed oggetti che sono in contatto con l'acqua (che puoi si può bere) ad esclusione degli impianti fissi pubblici o privati di approvvigionamento idrico.

Il concetto fondamentale che ispira tutta questa normativa è che:

La sicurezza alimentare riguarda tutta la filiera..
"from the farm to the fork"
(cioè dall'azienda agricola alla forchetta).

Quindi:
- Tutti i materiali destinati al contatto alimentare fanno parte della filiera;
- Si utilizzano gli stessi criteri e stessi principi di sicurezza per alimenti e per materiali a contatto.

I materiali ed oggetti destinati a venire a contatto con gli alimenti sono:
1. macchinari e impianti industriali;
2. i contenitori (pentole, scatole, contenitori per frigo o per congelatore),
3. utensili, stoviglie;
4. l'imballaggio (carte, pellicole, plastiche).

PERCHÉ

Il materiale destinato a venire a contatto con gli alimenti può trasferire componenti cattivi ai prodotti alimentari (**per migrazione**) e in alcuni casi determinare una contaminazione dell'alimento con cui viene a contatto. Migrazione significa che una sostanza contenuta nella composizione del materiale (con cui hai fabbricato il tuo prodotto) passa, perché ad esempio la solubilizza, al cibo (si chiama "migrazione" e la sostanza birichina si chiama "migrante").
Sono importanti quindi le destinazioni d'uso e le modalità di fabbricazione.
Non ci sono materiali "magici", sicuri in ogni caso.
Tutti i MOCA, se trattati male, possono cedere sostanze cattive agli alimenti con cui entrano in contatto: in realtà nessun materiale è completamente inerte o insolubile.
Se cuciniamo "male" una salsa di pomodoro in una pentola inox, ci facciamo del male da soli: la salsa è molto acida e scioglie tante sostanze. Queste vengono cedute e possono alterare la qualità del cibo, il suo gusto e anche la sua sicurezza, nonché rappresentare un rischio per la salute umana.
Il grado di "migrazione" delle sostanze, dall'oggetto o dal contenitore, dipende da diversi fattori quali la natura del materiale e dei suoi componenti, il tipo di alimento, il mezzo di contatto, la durata e la temperatura del contatto.
Quindi non stiamo parlando di cazzate.

Bisogna fare delle prove per decidere quello che si può fare.
Queste prove misurano in quale quantità vengono cedute sostanze dal materiale all'alimento. Un poco succede sempre, ma non si devono superare i limiti pericolosi.
La conoscenza del comportamento e della tossicità di un "migrante" permette di stabilire il rischio per la salute umana e di fissare dei limiti di migrazione per quella sostanza: un superamento dei limiti fissati per la migrazione globale e specifica indica un potenziale rischio per la salute umana e una variazione delle caratteristiche organolettiche del prodotto

L'acciaio inossidabile (l'inox) è una lega a base di ferro e carbonio a cui vengono aggiunti cromo e altri elementi come nichel e manganese per conferire al materiale una maggiore resistenza alla corrosione:
per tale motivo è considerato un buon supporto per realizzare oggetti destinati ad un contatto ripetuto con gli alimenti quali posate, pentole e macchinari dell'industria alimentare. Le criticità risiedono nella composizione chimica in particolare nei metalli pesanti presenti nella lega, che possono migrare negli alimenti. Pertanto questi materiali devono essere sottoposti a prove di migrazione globale e prove di migrazione specifica per valutare il grado di cessione di cromo, nichel e manganese.

Ecco la storia: bisogna dire come si usa e come non usare il MOCA.
Per tale motivo esistono le liste positive, i limiti di cessione e le condizioni di uso.

L'entità della migrazione dipende da una serie di fattori:
- Natura e composizione del materiale (e delle sostanze)
- Natura e composizione dell'alimento
- Superficie di contatto
- Tempo di contatto
- Temperatura di contatto

capitolo 2

NORMATIVA QUADRO EUROPEA

Siccome i MOCA possono attraversare le frontiere degli stati europei, deve esistere una normativa europea. Questa si fonda su Direttive Quadro, da cui poi vengono derivate le Direttive attinenti i singoli tipi di materiale.
Però bisogna sapere che come Europa non sono ancora stati regolati tutti i MOCA con una completa armonizzazione: per certi tipi di materiale, come si vedrà più avanti, bisogna ancora fare riferimento alla legislazione nazionale, quindi quella italiana in Italia. Quindi se stai consultando una tavole con l'elenco delle norme per i MOCA non ti spaventare se non capisci: ci saranno –tutte mischiate- sia le norme quadro sia le norme specifiche per il tipo di MOCA, sia le norme europee sia le norme solo italiane.
Sarebbe troppo facile se non mischiassero tutto: chi prepara la tabella pensa di avere sempre a che fare con specialisti.
Ora ci proviamo noi.

NORMATIVA RELATIVA ALLA LEGISLAZIONE ALIMENTARE

> **Occhio: i MOCA ci ricadono dentro, come fossero alimenti. Abbiamo detto prima "from the farm to the fork", ricordi?**

Legislazione Alimentare

*Regolamento (CE) **178/2002**, che stabilisce i principi e i requisiti generali della legislazione alimentare, che istituisce l'Autorità europea per la sicurezza alimentare e fissa procedure nel campo della sicurezza alimentare. Ad essi si applica il Regolamento (CE) 882/2004, relativo ai controlli ufficiali intesi a verificare la conformità alla normativa in materia di mangimi e di alimenti e alle norme sulla salute e sul benessere degli animali.*

LEGISLAZIONE QUADRO MOCA

Cominciamo dal Regolamento che è la "mamma" di tutte le norme le regole:

REGOLAMENTO (CE) 1935/2004 –MOCA-

È un Regolamento riguardante i materiali e gli oggetti destinati a venire a contatto con i prodotti alimentari e che abroga le direttive 80/590/CEE e 89/109/CE, stabilisce i requisiti generali cui devono rispondere tutti i materiali ed oggetti in questione.

Da questo derivano le direttive specifiche: queste contengono disposizioni dettagliate per i singoli materiali (materie plastiche, ceramiche etc).

In particolare il regolamento stabilisce che tutti i materiali ed oggetti devono essere prodotti conformemente alle buone pratiche di fabbricazione (in sigla GMP) e, in condizioni d'impiego normale o prevedibile, non devono trasferire agli alimenti componenti in quantità tale da:

- costituire un pericolo per la salute umana
- comportare una modifica inaccettabile della composizione dei prodotti alimentari
- comportare un deterioramento delle caratteristiche organolettiche.

Art. 15: Etichetta

Paragrafo 1-a)
Bisogna scrivere in etichetta:
nome prodotto e ragione sociale, l'indicazione "a contatto con prodotti alimentari" il simbolo con bicchiere e forchetta

Paragrafo 1-b)
Questo però non per i macchinari: "Le informazioni di cui al paragrafo 1, lettera a), non sono tuttavia obbligatorie per gli oggetti che, per le loro caratteristiche, sono chiaramente destinati ad entrare in contatto con i prodotti alimentari."

Art. 16: *Prevede la dichiarazione di conformità (lo vediamo dopo nel particolare)*
Art. 17: *Richiede la rintracciabilità (Per "rintracciabilità" si intende la possibilità di ricostruire e seguire il percorso dei materiali od oggetti attraverso tutte le fasi della lavorazione, della trasformazione e della distribuzione).*

La Normativa comunitaria copre i seguenti MOCA:
- pellicola di cellulosa rigenerata (2007/42/EC)
- ceramiche (84/500/EEC)
- plastiche (Reg 10/2011; 2002/72/EC e successivi emendamenti; 78/142/EEC limiti per CVM; 372/2007/EC limiti per i plastificanti; 282/2008/EC plastica riciclata; 1895/2005/EC derivati epossidici)
- gomme ed elastomeri (93/11/EEC)
- materiali attivi ed intelligenti (450/2009/EC)

REGOLAMENTO (CE) 2023/2006 -GMP-

Regolamento (CE) 2023/2006 -GMP- sulle Buone Pratiche di Fabbricazione dei materiali e degli oggetti destinati a venire a contatto con prodotti alimentari, stabilisce che tutti i materiali e gli oggetti elencati nell'allegato I del Regolamento n. 1935/2004 e le loro combinazioni, nonché i materiali ed oggetti riciclati vanno fabbricati nel rispetto delle norme generali e specifiche sulle buone pratiche di fabbricazione (GMP).
Pertanto, analogamente a quanto avviene nel settore alimentare, le imprese che svolgono attività connesse con qualunque fase della lavorazione, trasformazione e distribuzione dei materiali ed oggetti devono istituire un sistema di controllo della qualità e sicurezza.
In particolare, le imprese che producono oggetti destinati a venire in contatto con sostanze alimentari sono tenute a controllarne la rispondenza alle norme ad essi applicabili ed a dimostrare in ogni momento di aver adeguatamente provveduto ai controlli ed agli accertamenti necessari.

Questo Regolamento detta le condizioni perché sia garantito che la produzione del MOCA avvenga sempre in situazione sicura, con sempre la conformità ai requisiti previsti per la fabbricazione di MOCA.
Se ti arriva un controllo, vogliono vedere e constatare con documenti che:
- La fabbrica (il capannone, quello che è) sia adeguato allo scopo ed il personale formato e consapevole delle fasi critiche della produzione;
- Ci siano sistemi documentati (manuale- procedure – moduli compilati) di assicurazione della qualità e di controllo della qualità sempre presenti nelle sedi;
- Si possa provare la scelta di idonei materiali di partenza per il processo di fabbricazione.

Come fare per vedere cosa fare?
Se si vuol andare tranquilli, si va sul sito dell'Istituto Superiore di sanità (IIS) e si studia la Guida per la corretta applicazione di questo regolamento GMP: lo chiamano progetto CAST.

Cosa spiegano?

"Il Progetto CAST (Contatto Alimentare Sicurezza e Tecnologia) nasce nel 2007 con l'obiettivo di sperimentare nuove strategie di approccio integrato alla sicurezza alimentare, per la tematica dei Materiali in Contatto con Alimenti (MCA).
La denominazione del Progetto ne riflette la configurazione: CAST significa in lingua inglese "fusione". Lo strumento innovativo del Progetto è proprio la fusione delle conoscenze fra stakeholder pubblici e privati per: – migliorare l'applicazione tecnica delle norme; – individuare metodologie condivise di approccio alla sicurezza alimentare e soluzioni tecniche che possano costituire una base, a patrimonio comune fra Associazioni Industriali e Enti pubblici operanti nel settore. Le linee guida, elaborate nell'ambito del Progetto CAST, costituiscono il risultato dell'attività congiunta delle associazioni di categoria delle singole filiere fino ai produttori di materiali e oggetti e alle aziende alimentari. La presente linea guida si applica a materiali e oggetti prodotti nelle filiere di produzione sotto elencate. Le tipologie specifiche di applicazione sono riportate nei capitoli specifici per ogni filiera.
Le linee guida relative alle filiere considerate sono:
- *Alluminio;*
- *Carta e cartone: produzione;*
- *Carta e cartone: trasformazione;*
- *Imballaggi flessibili;*
- *Legno: imballaggio ortofrutticolo di legno, e/o di fibra di legno, e/o di compensato, taglieri, ceppi e ceppaie di legno;*
- *Materie plastiche;*
- *Metalli e leghe metalliche rivestiti o non;*
- *Sughero;*
- *Vetro.*

capitolo 3

LA NORMATIVA ITALIANA

La tavola delle norme vigenti prevede: questi decreti:
DM 21.3.73 :
- Carte e cartoni
- Gomme
- Vetro
- Acciaio inox
- Parte non armonizzata plastiche

DM 18.4.07: Alluminio
D.L. 108 25.1.92 Tutti i materiali e oggetti in contatto con alimenti
DM 18.2.84: Banda Stagnata
DM 1.06.88: Banda Cromata 46

DETTAGLIO DI ALCUNE NORMATIVE PIÙ FREQUENTI

➤ **ACCIAIO INOX (regolamentato da DM 21/03/73 e smi)**
I materiali metallici a livello comunitario non godono di una regolamentazione specifica mentre esistono delle regolamentazioni specifiche nazionali per acciaio inox, alluminio, banda stagnata e banda cromata.
Gli oggetti in acciaio inossidabile destinati al contatto con alimenti e disciplinati dal DM 21/03/73 possono essere preparati esclusivamente con i tipi di acciai inossidabili indicati nella lista positiva.
Se il materiale è destinato a venire a contatto prolungato a temperatura ambiente con qualsiasi tipo di alimento la valutazione di idoneità deve essere basata sulle seguenti prove:
migrazione globale in soluzione acquosa di acido acetico al 3 %p/v per 10 giorni a 40°C
Se il materiale è destinato ad un uso ripetuto di breve durata a caldo o a temperatura ambiente con qualsiasi tipo di alimento la valutazione di idoneità deve essere basata sulle seguenti prove:
- migrazione globale in soluzione acquosa di acido acetico al 3 %p/v per 30 min a 100°C terzo attaccomigrazione specifica di cromo sul

liquido di cessione terzo attacco
- migrazione specifica di nichel sul liquido di cessione e terzo attacco
- migrazione specifica di manganese sul liquido di cessione terzo attacco (introdotta dal Decreto n.258 del 21 dicembre 2010)

▶ ALLUMINIO e LEGHE DI ALLUMINIO (regolamentato da DM n.76 del 18 aprile 2007)

L'alluminio o le leghe destinate alla produzione di materiali ed oggetti a contatto alimentare devono soddisfare i seguenti requisiti:
Requisiti di purezza
- Tenore massimo di ferro e silicio
- Tenore massimo di rame
- Tenore massimo di altri metalli

Caratteristiche di composizione di materiali ed oggetti in lega di Al :
- Tenore di Cr, Fe, Mg, Mn, Ni, Cu, Si, Ti, Zn, Zr, altri metalli (per materiali ottenuti per trasformazione plastica)
- Tenore di Sb, Cr, Fe, Mg, Mn, Ni, Cu, Si, Sn, Sr, Ti, Zn, Zr, altri metalli (per materiali ottenuti per fusione)

Obblighi di etichettatura :
- Obbligo di indicare "non idoneo al contatto con alimenti fortemente acidi o fortemente salati"
- destinato al contatto con alimenti a temperature refrigerate;
- destinato al contatto con alimenti a temperature non refrigerate per tempi non superiori alle 24 ore
- destinato al contatto con gli alimenti a temperature ambiente anche per tempi superiori alle 24 ore solo per : prodotti di cacao e cioccolato, caffè, spezie ed erbe infusionali, zucchero, cereali e prodotti derivati, paste alimentari non fresche, prodotti della panetteria, legumi secchi e prodotti derivati, frutta secca, funghi secchi, ortaggi essiccati, prodotti della confetteria, prodotti da forno fini a condizione che la farcitura non sia a diretto contatto con l'alluminio.

▶ BANDA STAGNATA

I contenitori in banda stagnata **sono regolamentati dal DM del 18 febbraio 1984 e smi.**
Gli oggetti in banda stagnata destinati a venire in contatto con gli alimenti,

disciplinati dal presente decreto devono essere preparati esclusivamente con acciaio di base, rivestimento di stagno con elevato grado di purezza, lubrificanti e vernici con le caratteristiche specificate dal decreto.
L'idoneità degli oggetti a venire a contatto con gli alimenti deve essere accertata secondo le modalità:
determinazione di ferro, piombo, stagno contenuti nell'alimento conservato
L'idoneità del rivestimento deve essere accertata secondo le modalità:
- migrazione organica globale e globale con simulanti per contenitori in banda stagnata verniciata
- migrazioni specifiche per contenitori in banda stagnata verniciata per la preparazione dei contenitori che comportino giunzioni laterali, queste devono essere realizzate mediante saldatura per fusione o aggraffatura meccanica, o lega saldante stagno-piombo o stagno puro, o aggraffatura con ermetizzante o collante interposto.

E' consentita l'utilizzazione di contenitori di banda stagnata saldati con lega stagno-piombo per l'inscatolamento di certi tipi di alimenti sempre che venga rispettato il limite di piombo ceduto all'alimento.

► BANDA CROMATA VERNICIATA

La banda cromata **è regolamentata dal DM del 1° giugno 1988 n.243 (G.U. n.153 del 01/7/1988).**
Gli oggetti in banda cromata, destinati a venire in contatto con gli alimenti devono essere verniciati e preparati con acciaio di base, rivestimento di cromo, lubrificanti e vernici con particolari requisiti specificati dal decreto.
L'idoneità degli oggetti a venire a contatto con gli alimenti deve essere accertata secondo le modalità:
- determinazione di ferro e cromo contenuti negli alimenti conservati

L'idoneità del rivestimento deve essere accertata secondo le modalità:
- migrazione organica globale e globale con simulanti per contenitori in banda cromata verniciata
- migrazioni specifiche per contenitori in banda cromata verniciata.

► CERAMICA

Per oggetti di ceramica si intendono gli oggetti fabbricati a base di una miscela di materiali inorganici composti generalmente da una proporzione elevata di minerali argillosi o silicei cui sono aggiunti eventualmente piccoli quantitativi di sostanze organiche. Tali oggetti vengono innanzitutto modellati e la forma così ottenuta viene fissata permanentemente mediante cottura.

Essi possono essere vetrificati, smaltati e/o decorati.

Gli oggetti di ceramica destinati a contatto alimentare **devono soddisfare i requisiti generali stabiliti dal Regolamento comunitario 1935/2004 e dalla normativa nazionale D.P.R. 777 del 23.08.1982 e smi** e i requisiti specifici stabiliti dalle normative armonizzate.

Questi materiali devono soddisfare i requisiti armonizzati della Direttiva 2005/31/CE (modifica della direttiva 84/500/CEE) e DM 4 aprile 1985 e smi (DM 1 febbraio 2007 pubblicato in GU n.66 del 20 marzo 2007 recepimento della Direttiva 2005/31/CE).

Analisi previste dalla normativa vigente:
- migrazione specifica di cadmio sul liquido di cessione acido acetico al 4% (v/v) ad una temperatura di 22°C e per una durata di 24 ore
- migrazione specifica di piombo sul liquido di cessione acido acetico al 4% (v/v) ad una temperatura di 22°C e per una durata di 24 ore

I limiti di migrazione imposti dalla normativa vigente variano a seconda della categoria di articoli (Categoria 1: oggetti non riempibili e oggetti riempibili la cui profondità interna, misurata tra il punto più basso ed il piano orizzontale che passa per il bordo superiore, è inferiore o pari a 25 mm; Categoria 2: tutti gli altri oggetti riempibili; Categoria 3: utensili per cottura; imballaggi e recipienti destinati alla conservazione, di capacità superiore a 3 litri).

Gli oggetti di ceramica non ancora venuti a contatto con i prodotti alimentari devono essere accompagnati nelle varie fasi della commercializzazione, inclusa la fase di vendita al dettaglio, da una dichiarazione scritta in conformità all'art. 16 del Regolamento (CE) n. 1935/2004.

▶ **VETRO DESTINATO AL CONTATTO ALIMENTARE**

Gli oggetti di vetro destinati a contatto alimentare devono soddisfare i requisiti generali stabiliti dal Regolamento comunitario 1935/2004 e normativa nazionale D.P.R. 777 del 23.08.1982 e smi e dalla regolamentazione specifica del DM 21/03/73 e smi. Questi materiali non godono di una normativa armonizzata.

Gli oggetti in vetro destinati a venire in contatto con gli alimenti devono essere preparati esclusivamente con le categorie di vetro:

Categoria A: vetri borosilicati e sodico-calcici, incolori o colorati	Per contenitori in qualsiasi condizione di contatto con gli alimenti, compresa la sterilizzazione
Categoria B: vetri sodico-calcici, anche opacizzati (vetro-opale bianco o colorato)	Per contenitori e vasellame da utilizzare in condizioni di contatto non superiori a 80°C
Categoria C: vetri al piombo	Per vasellame e bicchieri destinati a contatto breve e ripetuto

Analisi previste dalla normativa vigente
Se il materiale è destinato a venire a contatto con qualsiasi tipo di alimento la valutazione di idoneità deve essere basata sulle seguenti prove:
per oggetti in vetro della Categoria A: migrazione globale dopo contatto con acqua distillata a 120°C per 30 minuti
per oggetti in vetro della Categoria B: migrazione globale dopo contatto con acqua distillata a 80°C per 2 ore
per oggetti in vetro della Categoria C:
migrazione globale terzo attacco con acqua distillata a 40°C per 24 ore
migrazione specifica del piombo terzo attacco con soluzione acquosa di acido acetico al 3% a 40°C per 24 ore

➤ **MATERIE PLASTICHE**
Gli oggetti in materiale plastico destinati a contatto alimentare **devono soddisfare i requisiti generali stabiliti dal Regolamento comunitario 1935/2004 e dalla normativa nazionale D.P.R. 777 del 23.08.1982 e smi.**
I materiali plastici destinati a venire a contatto con gli alimenti **sono regolamentati in Italia in modo specifico dal DM 21/03/73 e smi e a livello comunitario dalla Direttiva 2002/72/CE e smi.**
Gli oggetti prodotti secondo buone pratiche di fabbricazione devono rispettare i seguenti requisiti:
utilizzo di sostanze autorizzate (liste positive) ed eventuali restrizioni d'uso
rispetto del limite di migrazione globale (simulanti A, B, C, D o sostitutivi) per contatto con prodotti alimentari non secchi
rispetto di limiti di migrazione specifica (simulanti A, B, C, D o sostitutivi) o quantità massima di sostanza residua per contatto con prodotti alimentari

non secchi

La scelta del simulante e delle condizioni di prova (tempo e temperatura) dipendono dal tipo di alimento con il quale andrà a contatto il materiale, dal tipo di contatto e dalla temperatura. Non sono considerati materie plastiche i materiali elastomerici e le gomme naturali e sintetiche (DIR. 2007/19).

TIPO DI PRODOTTO	SIMULANTE	ABBREVIAZIONE
Prodotti alimentari acquosi (prodotti alimentari acquosi con pH>4,5)	Acqua distillata o acqua di qualità equivalente	Simulante A
Prodotti alimentari acidi (prodotti alimentari acquosi con pH <= 4,5)	Acido acetico 3% (p/v)	Simulante B
Prodotti alimentari contenenti alcol	Etanolo al 10% (v/v). Questa concentrazione può essere adeguata al tenore alcolico effettivo del prodotto alimentare se supera il 10% (v/v)	Simulante C
Prodotti alimentari a base di sostanze grasse	Olio di oliva rettificato o altri simulanti di prodotti a base di sostanze grasse	Simulante D
Prodotti alimentari secchi	Nessuno	Nessuno

Regolamento PIM 10/2011 - Nuovo regolamento in vigore dal 1°maggio 2011

Il 14 gennaio 2011 è stato pubblicato in Gazzetta ufficiale dell'Unione europea **il nuovo Regolamento sulle materie plastiche detto "PIM" : Regolamento (UE) n.10/2011.**
Il regolamento si applica a decorrere dal 1° maggio 2011 ma sono previste delle disposizioni transitorie che ne permetteranno l'applicazione graduale. Le principali modifiche introdotte da tale regolamento sono l'abolizione dell'acqua come simulante (sostituito da etanolo al 10% v/v), l'introduzione di un simulante per gli alimenti secchi (simulante E).

CAPITOLO 3

Nuovo regolamento in vigore dal 1 luglio 2011 per importazioni di articoli in poliammide e melammina provenienti dalla CINA
Regolamento che stabilisce condizioni particolari e procedure dettagliate per l'importazione di utensili per cucina in plastica a base di poliammide e di melammina originari della Repubblica popolare cinese e della regione amministrativa speciale di Hong Kong, Cina, o da esse provenienti

Condizioni di importazione
Una dichiarazione attestante la conformità ai requisiti di rilascio di PAA e FA indicati dalla Dir. 2002/72/CE accompagnata da un rapporto di laboratorio:
per gli utensili in PA, risultati che dimostrano che non rilasciano PAA in quantità rilevabili (come somma delle PAA – limite di rilevabilità 0.01 mg/kg)
per gli utensili in MA, risultati che dimostrano che non rilasciano FA in quantità superiore a 15 mg/kg
Ogni partita di prodotti dovrà essere accompagnata da una documentazione appropriata, comprendente i risultati di analisi da cui risulti la conformità ai requisiti stabiliti dalla Direttiva 2002/72/CE per PAA (ammine aromatiche primarie) e di FA (formaldeide).
L'Autorità Competente effettuerà al primo punto di ingresso:
controlli documentali su tutte le partite (entro due giorni)
controlli di identità e fisici, tra cui analisi di laboratorio sul 10% delle partite

► GOMME
Gli oggetti in gomma destinati a contatto alimentare **devono soddisfare i requisiti generali stabiliti dal Regolamento comunitario 1935/2004 e dalla normativa nazionale D.P.R. 777 del 23.08.1982 e smi.**
Gli oggetti in gomma sono regolamentati in Italia in modo specifico dal DM 21/03/73 e smi mentre a livello comunitario non godono di una regolamentazione specifica. Vi è solo la Dir. 93/11/CEE del 15 marzo 1993 che fissa dei limiti di migrazione per le N-nitrosamine e per le sostanze N-nitrosatili da succhiotti e tettarelle di elastomero o di gomma naturale.
Come per le materie plastiche gli oggetti prodotti secondo buone pratiche di fabbricazione devono rispettare i seguenti requisiti:
- utilizzo di sostanze autorizzate (liste positive) ed eventuali restrizioni d'uso
- rispetto del limite di migrazione globale (simulanti A, B, C, D o sostitutivi) per contatto con prodotti alimentari non secchi
- rispetto di limiti di migrazione specifica per contatto con prodotti

alimentari non secchi
- migrazione specifica di manganese sul liquido di cessione terzo attacco (introdotta dal Decreto n.258 del 21 dicembre 2010)

➤ SILICONI

Gli oggetti di silicone destinati a contatto alimentare **devono soddisfare i requisiti generali stabiliti dal Regolamento comunitario 1935/2004 e dalla normativa nazionale D.P.R. 777 del 23.08.1982 e smi. Il DM 21/03/73** e smi applica a questi materiali gli stessi requisiti dei materiali plastici mentre a livello comunitario non godono di una normativa specifica.

capitolo 4

LA DICHIARAZIONE DI CONFORMITÁ

Dal Reg 1935/2004 leggiamo che:

Dichiarazione di conformità (Art 16)
Le misure specifiche per i vari materiali ed oggetti prevedono che i materiali e gli oggetti cui esse si riferiscono siano corredati di una dichiarazione scritta che attesti la loro conformità alle norme vigenti.
Una documentazione appropriata è disponibile per dimostrare tale conformità. Detta documentazione è resa disponibile alle autorità competenti che la richiedano.

Quali sono queste misure specifiche?
Misure specifiche, a cui conformarsi per la dichiarazione di conformità sono previste dalle seguenti disposizioni:
- dal decreto ministeriale 21 marzo 1973, e successive modifiche, per: **gomma, cellulosa rigenerata, carta e cartone, vetro, acciaio inossidabile,** per i materiali di cui all'art. 9, comma 4 (**rivestimenti superficiali, siliconi,** ecc.) ed in misura transitoria per le prove di migrazione sulle plastiche per le quali è entrato in vigore il Regolamento (UE) n. 10/2011.
- dal Decreto 18 febbraio 1984 e 13 luglio 1995, n.405, per la **Banda stagnata**
- dal Decreto 1° giugno 1988, n. 243 per la **Banda cromata**
- dal Decreto 4 aprile 1985 e 1° febbraio 2007 per la **ceramica**
- dal Decreto 18 aprile 2007, n. 76 per l'**alluminio**;
- dal Reg.(UE) n. 10 /2011 per le **plastiche**;
- dal Reg. (CE) n. 282/2008 per le **plastiche riciclate**;
- dal Reg. (UE) 284/2011 per gli **utensili per cucina di plastica a base di poliammide e di melammina**;
- dal Reg.(CE) n. 450/2009 per i **materiali attivi ed intelligenti**;

In difetto di misure specifiche, il presente regolamento non impedisce agli Stati membri di mantenere in vigore o adottare disposizioni nazionali relative alle dichiarazioni di conformità per materiali e oggetti.

|| **Quindi ci rifacciamo alla Circolare del Ministero della Sanità: N. 32249 del 11 oct 2011:** ||

Contenuti della dichiarazione di conformità
La dichiarazione di conformità serve a trasmettere le informazioni necessarie a garantire il mantenimento della conformità lungo la catena commerciale e comprende pertanto una serie di informazioni utili alle parti interessate e verificabili dalle Autorità deputate al controllo.

La dichiarazione di conformità deve contenere almeno i seguenti elementi:
- un'esplicita dichiarazione di conformità alla normativa di riferimento generale e alla normativa specifica,
- indicazioni sull'identità del produttore,
- indicazioni sull'identità dell'importatore,
- indicazioni sul tipo di materiale utilizzato ed eventuali limitazioni d'uso,
- data e firma del responsabile.

Indicazioni puntuali sui contenuti della dichiarazione di conformità sono state fornite per alcuni dei materiali disciplinati dalle norme specifiche e sono di seguito riportate.

MATERIALE	NORMA SPECIFICA COMUNITARIA	NORMA SPECIFICA NAZIONALE
Plastiche	Reg.(UE) n. 10/2011	
Plastiche riciclate	Reg. (CE) n. 282/2008	
Utensili per cucina in plastica a base di poliammide e di melammina	Reg. (UE) n. 284/2011	
Materiali attivi ed intelligenti	Reg. (CE) n. 450/2009	
Ceramiche	direttiva 2005/31	DM 1/2/2007

Banda stagnata e cromata		DD.MM. 18/02/1984, n. 405 del 13/07/1995, DM 1/06/88, n.243 Sono state fornite indicazioni puntuali con la nota n.12174 del 23/04/2010

Come già riportato il regolamento (CE) 1935/2004 indica che deve essere disponibile una documentazione appropriata a supportare e dimostrare quanto presente nella dichiarazione di conformità (per es. risultati delle prove, calcoli,ecc.).

E' opportuno che gli USMAF richiedano tale documentazione di supporto nei casi in cui un approfondimento si renda necessario sulla base dell'analisi del rischio.

Responsabile della dichiarazione
Secondo quanto stabilito dall'articolo 4, commi 5 e 6 del decreto legislativo n. 108/92, la dichiarazione di conformità dei MOCA alle norme loro applicabili deve essere rilasciata dal produttore o in caso di assenza della stessa dichiarazione, da un laboratorio pubblico di analisi. L'utilizzatore in sede industriale o commerciale deve essere fornito della dichiarazione del produttore ed accertarsi della conformità alle norme nonché della idoneità tecnologica allo scopo cui l'oggetto è destinato
(art. 4, comma 5 bis del DL. vo n. 108/92).

ESEMPIO -1- DI DICHIARAZIONE

IL FABBRICANTE ....
Con sede in ....

DICHIARA

CHE IL MATERIALE (identificazione esatta dell'articolo) ....
CON DESTINAZIONE D'USO (es imballaggio – confezionamento) ....
....

È conforme alla seguente Legislazione Comunitaria CE
Reg 1935/2004/CE
Reg 10/2011/CE

E alla seguente Legislazione italiana
DM 21-03-73 e s.m.i
DPR 777/82 e s.m.i.

È stato fabbricato con ....
Altri dati previsti dalla norma applicata (simulante, tempo, temperatura...)
....
....
....

ESEMPIO -2- DI DICHIARAZIONE

IL FABBRICANTE
Con sede in

DICHIARA

CHE IL MATERIALE (identificazione esatta dell'articolo) contenitore per gelati
CON DESTINAZIONE D'USO (es imballaggio – confezionamento)
È conforme alla seguente Legislazione Comunitaria CE
Reg 1935/2004/CE

E alla seguente Legislazione italiana
DM 21-03-73 e s.m.i
DPR 777/82

È STATO FABBRICATO CON
è stato fabbricato con inox 18/10 come da lista positiva si rispettano i limiti di migrazione globale e specifica di Ni, Cr e Mn nelle condizioni di prova previste (art. 37)

INFINE ECCO IL MODELLO DA COMPILARE

> Ecco perché bisogna procedere col Modulo, che è stato predisposto dal Ministero della Salute, con apposita circolare, per facilitare questa comunicazione.

MODELLO XX

Alla Azienda Sanitaria Locale

(tramite il SUAP competente per territorio)

Spazio riservato all'ufficio

Comunicazione ai sensi dell'art. 6 del D.Lgs. 10.2.17 n. 29 relativa agli stabilimenti che eseguono le attività riguardanti materiali e oggetti destinati a venire a contatto con gli alimenti (MOCA).

Dati di chi effettua la comunicazione	Riquadro 1

Il/La sottoscritto/a

Cognome:_____ Nome:_____ cittadinanza _____
Nato/a a _____ il _____
residente nel Comune di _____ Prov. _____
CAP |_|_|_|_|_| via/piazza _____ n. ____
codice fiscale |_|_|_|_|_|_|_|_|_|_|_|_|_|_|_|_|
Tel _____ Fax _____
E-mail _____ Pec _____
in qualità di: ☐ legale rappresentante ☐ Titolare ☐ altro_____

Dati dell'IMPRESA	Riquadro 2

Denominazione o Ragione sociale:_____
Iscrizione CCIAA _____
Partita IVA: |_|_|_|_|_|_|_|_|_|_|_|_|_|_|_|_|
Codice Fiscale: |_|_|_|_|_|_|_|_|_|_|_|_|_|_|_|_|
con sede legale in _____
CAP |_|_|_|_|_| via/piazza _____ n ____
Tel._____ Fax _____
E-mail _____ Pec _____

COMUNICA

	Riquadro 3

☐ tipologia di l'attività esistente dal |_|_|_|_|_|
☐ modifica/integrazione dell'attività esistente _____
☐ avvio di una nuova attività a far data dal |_|_|_|_|_|_|
☐ chiusura dell'attività (comunicazione del |_|_|_|_|_|_|)
 a far data dal |_|_|_|_|_|

Dati della SEDE OPERATIVA (DI SVOLGIMENTO DELL'ATTIVITA')	Riquadro 4

Comune _____ CAP |_|_|_|_|_|
via/piazza _____ n. _____
Tel. _____ Fax _____

E-mail _____ Pec _____
all'interno della sede viene svolta esclusivamente l'attività di cui alla presente comunicazione ☐ SÌ ☐ NO
se NO indicare quali altre attività _____
_____
_____

TIPOLOGIA DEI MOCA oggetto della comunicazione	Riquadro 5

☐ Materie plastiche

☐ Gomme

☐ Vetro

☐ Metalli e/o leghe metalliche   ☐ Specificare _____

☐ Ceramiche

☐ Adesivi

☐ Sughero

☐ Resine a scambio ionico

☐ Carta e cartone

☐ Inchiostri da stampa

☐ Cellulosa rigenerata

☐ Siliconi

☐ Prodotti tessili

☐ Vernici e/o rivestimenti

☐ Cere

☐ Legno

☐ altri materiali: _____

Descrizione dei MOCA	Riquadro 6

_____
_____
_____

TIPOLOGIA DI ATTIVITÀ	Riquadro 7

☐ Produzione (anche conto terzi)
☐ Deposito
☐ Trasformazione
☐ Distribuzione (all'ingrosso) anche conto terzi
☐ Altro _____

DESCRIZIONE SINTETICA DELL'ATTIVITÀ	Riquadro 8

(Eventualmente richiamare il numero della SCIA)
_____
_____
_____

DICHIARAZIONI DEL FIRMATARIO	Riquadro 9

Il sottoscritto, generalizzato nel riquadro 1, dichiara:
di essere informato *che la presente dichiarazione è valida esclusivamente per la comunicazione ai sensi del Decreto Legislativo 10 febbraio 2017 n.29 e non sostituisce altri eventuali atti di competenza di altri enti, organi o uffici;*
di essere informato, *ai sensi dell'art. 13 del D. Lgs 196/2003, che i dati personali raccolti saranno trattati anche con strumenti informatici, esclusivamente nell'ambito del procedimento per il quale viene presentata la presente comunicazione ed ai fini del controllo ufficiale e rilascia il consenso al loro utilizzo nei limiti su riportati;*
ai sensi *dell'art. 46 e 47 del DPR n. 445/2000, che quanto riportato nel presente documento corrisponde a verità e di essere consapevole delle responsabilità penali previste dall'art. 76 del medesimo DPR.*
La presente dichiarazione è resa ai sensi e per gli effetti degli artt. 38, 46 e 47 del DPR 28.12.2000 n. 445

_____   _____
          data   *firma*

LA DICHIARAZIONE DI CONFORMITÁ

Note per la Compilazione

Indicazioni di carattere generale

Nel caso in cui l'Impresa abbia una o più sedi (anche adibite a deposito) che si trovano in Comuni differenti, la medesima comunicazione dovrà essere presentata a tutte le Autorità territorialmente competenti. La comunicazione per ogni sede operativa gestita indipendentemente dalla tipologia di attività posta in essere. Per esempio, se un'impresa ha uno stabilimento di produzione in un Comune e uno in un altro Comune, essa dovrà inoltrare due distinte comunicazioni, una al primo Comune e una al secondo Comune).

Sono soggetti all'obbligo di comunicazione gli imprenditori per come identificati nei Riquadri 1 e 2.

RIQUADRO 3:

La data da inserire è quella di inizio dell'attività riguardante i MOCA.

Le modifiche oggetto di comunicazione sono le seguenti:

- Variazione dei dati identificativi dell'impresa che comportino il cambio di partita IVA/C.F. In caso di subentro la notifica è effettuata dal nuovo titolare/legale rappresentante/altro;
- ogni modifica riguardante uno o più dei seguenti aspetti:

    - tipologia di attività (es. all'attività di produzione di un laminato di alluminio viene aggiunta la produzione di film plastici);

    - del processo di produzione/trasformazione.

Le comunicazioni per le attività esistenti dovranno essere inviate entro il 31.07.2017.

RIQUADRO 5: In questo campo vanno indicate tutte le tipologie di MOCA che vengono trattate dall'impresa. Nel caso di attività inerente i metalli e le leghe metalliche, è necessario specificare il tipo di materiale (es. acciaio inox, banda stagnata, alluminio etc...).

RIQUADRO 6: in questo campo vanno riportate tutte le specifiche tipologie di materiale prodotto/trasformato/depositato o distribuito dall'impresa (es. lamine di acciaio, lamine di alluminio, cartoni per pizza, pentole in acciaio inox, macchine per caffè, vaschette di plastica, piatti monouso, posate in plastica, pentole teflonate, etc.).

RIQUADRO 7:

<u>Produzione</u> in proprio o per conto terzi di materiali destinati e oggetti destinati a venire a contatto con alimenti.

<u>Trasformazione:</u> comprende la produzione di MOCA a partire da materie prime idonee al contatto con alimenti: es. produzione di poliaccoppiati, cartoni per latte, formatura di vaschette in alluminio a partenza da fogli sottili e laminati, preforme per bottiglie in PET o altre materie plastiche, stampa di pellicole in plastica, carte, cartoni ecc.

<u>Deposito:</u> comprende la sola attività di stoccaggio a supporto di una impresa che produce o trasforma MOCA anche per conto terzi.

<u>Distribuzione:</u> comprende le attività di commercio/distribuzione MOCA. In questa tipologia specificare la provenienza dei MOCA (Paesi UE o Extra UE).

RIQUADRO 8:

In questo campo deve essere sinteticamente descritta l'attività svolta, individuando anche le fasi specifiche dei processi di produzione e trasformazione.

IL DECRETO LEGISLATIVO 29/2017
(un elenco di pesanti sanzioni per inadempienze sui MOCA, sia sul Reg 1935/2004 (che spiega adempimenti per i MOCA) sia sul Reg 2023/2006 GMP (buone pratiche di produzione, da osservare)

Non riportiamo tutto l'elenco delle sanzioni: si può scaricare dal sito del ministero.
Citiamo solo l'articolo che ha scatenato il "casus belli".

ART 6: Violazione delle norme sulle buone pratiche di fabbricazione dei materiali e degli oggetti destinati a venire a contatto con i prodotti alimentari di cui al regolamento (CE) n. 2023/2006.

1

Per consentire la effettuazione di controlli ufficiali conformemente alle disposizioni di cui al regolamento (CE) n.882/2004 gli operatori economici dei materiali e oggetti destinati a venire a contatto con gli alimenti comunicano all'autorità sanitaria territorialmente competente gli stabilimenti che eseguono le attività di cui al regolamento (CE) 2023/2006, ad eccezione degli stabilimenti in cui si svolge esclusivamente l'attività di distribuzione al consumatore finale.

2

Nel caso in cui l'attività posta in essere dall'operatore economico sia soggetta a registrazione o a riconoscimento ai sensi dei regolamenti (CE) n. 852/2004 e n. 853/2004 la comunicazione di cui al comma 1 è riportata nella medesima segnalazione.

3

Gli operatori economici che già operano provvedono all'adempimento di cui ai commi 1 e 2 entro centoventi giorni dall'entrata in vigore del presente decreto.

capitolo 5

DAL SITO DEL MINISTERO

ELENCO COMPLETO DELLE DISPOSIZIONI NORMATIVE MOCA AGGIORNAMENTO AGOSTO 2016

Normativa quadro

► **Decreto del Presidente della Repubblica 23 agosto 1982, n. 777**
Attuazione della direttiva (CEE) n.76/893 relativa ai materiali e agli oggetti destinati a venire a contatto con i prodotti alimentari. (G.U. n. 298 del 28 ottobre 1982)

► **Decreto legislativo 25 gennaio 1992, n. 108**
Attuazione della direttiva 89/109/CEE concernente i materiali e gli oggetti destinati a venire a contatto con i prodotti alimentari. (S.O. n. 31 alla G.U. n°39 del 17 febbraio 1992)

Elenco disposizioni specifiche

► **Decreto ministeriale 21 marzo 1973**
Disciplina igienica degli imballaggi, recipienti, utensili, destinati a venire in contatto con le sostanze alimentari o con sostanze d'uso personale. (S.O. n. 69 alla G.U. n. 104 del 20 aprile 1973)

► **Decreto ministeriale 3 agosto 1974**
Aggiornamento del decreto ministeriale 21 marzo 1973 riguardante la disciplina igienica degli imballaggi, recipienti, utensili, destinati a venire in contatto con le sostanze alimentari o con sostanze d'uso personale. (G.U. n. 227 del 31 agosto 1974)

► **Decreto ministeriale 19 novembre 1974**
Aggiornamento del decreto ministeriale 21 marzo 1973 riguardante la disciplina igienica degli imballaggi, recipienti, utensili, destinati a venire in contatto con le sostanze alimentari o con sostanze d'uso personale. (G.U. n. 319 del 6 dicembre 1974)

➤ **Decreto ministeriale 27 marzo 1975**
Modificazione al decreto ministeriale 21 marzo 1973, concernente la disciplina igienica degli imballaggi, recipienti, utensili, destinati a venire in contatto con le sostanze alimentari o con sostanze d'uso personale. (G.U. n. 96 del 10 aprile 1975)

➤ **Decreto ministeriale 13 settembre 1975**
Modificazione al decreto ministeriale 21 marzo 1973, concernente la disciplina igienica degli imballaggi, recipienti, utensili, destinati a venire in contatto con le sostanze alimentari o con sostanze d'uso personale. (G.U. n. 272 del 13 ottobre 1975)

➤ **Decreto ministeriale 18 giugno 1979**
Aggiornamento del decreto ministeriale 21 marzo 1973 riguardante la disciplina igienica degli imballaggi, recipienti, utensili, destinati a venire in contatto con le sostanze alimentari o con sostanze d'uso personale. (G.U. n. 180 del 3 luglio 1979)

➤ **Decreto ministeriale 2 dicembre 1980**
Aggiornamento del decreto ministeriale 21 marzo 1973 riguardante la disciplina igienica degli imballaggi, recipienti, utensili, destinati a venire in contatto con le sostanze alimentari o con sostanze d'uso personale. (G.U. n. 347 del 19 dicembre1980)

➤ **Decreto 25 giugno 1981**
Aggiornamento del decreto ministeriale 21 marzo 1973 riguardante la disciplina igienica degli imballaggi, recipienti, utensili, destinati a venire in contatto con le sostanze alimentari o con sostanze d'uso personale. (G.U. n. 198 del 21 luglio 1981)

➤ **Decreto 2 giugno 1982**
Aggiornamento del decreto ministeriale 21 marzo 1973 riguardante la disciplina igienica degli imballaggi, recipienti, utensili, destinati a venire in contatto con le sostanze alimentari o con sostanze d'uso personale. (G.U. n. 200 del 22 luglio 1982)

➤ **Decreto 20 ottobre 1982**
Aggiornamento del decreto ministeriale 21 marzo 1973 riguardante la disciplina igienica degli imballaggi, recipienti, utensili destinati a venire in contatto con le sostanze alimentari o con sostanze d'uso personale. (G.U. n. 340 dell'11

dicembre 1982)

▶ **Decreto 18 febbraio 1984**
Disciplina dei contenitori in banda stagnata saldati con lega stagno-piombo ed altri mezzi. (G.U. n°76 del 16 marzo 1984)

▶ **Decreto 4 aprile 1985**
Disciplina degli oggetti di ceramica destinati ad entrare in contatto con i prodotti alimentari. (G.U. n. 98 del 26 aprile 1985)

▶ **Decreto 4 aprile 1985**
Aggiornamento del decreto ministeriale 21 marzo 1973 riguardante la disciplina igienica degli imballaggi, recipienti, utensili destinati a venire in contatto con le sostanze alimentari o con sostanze d'uso personale. (G.U. n. 120 del 23 maggio 1985)

▶ **Decreto 7 agosto 1987, n. 395**
Aggiornamento del decreto ministeriale 21 marzo 1973 riguardante la disciplina igienica degli imballaggi, recipienti, utensili destinati a venire in contatto con le sostanze alimentari o con sostanze d'uso personale. (G.U. n. 226 del 28 settembre 1987Decreto 1° giugno 1988, n. 243
Disciplina degli oggetti in banda cromata verniciata destinati a venire in contatto con gli alimenti. (G.U. n. 153 del 1° luglio 1988)

▶ **Decreto 18 gennaio 1991, n. 90**
Regolamento recante aggiornamento del decreto ministeriale 21 marzo 1973 riguardante la disciplina igienica degli imballaggi, recipienti, utensili destinati a venire in contatto con le sostanze alimentari o con sostanze d'uso personale. (G.U. n. 67 del 20 marzo 1991)

▶ **Decreto ministeriale 26 aprile 1993, n. 220**
Regolamento recante aggiornamento del decreto ministeriale 21 marzo 1973 riguardante la disciplina igienica degli imballaggi, recipienti, utensili destinati a venire in contatto con le sostanze alimentari o con sostanze d'uso personale. Recepimento delle direttive 82/711/CEE, 85/572/CEE, 90/128/CEE e 92/39/CEE. (S.O. n. 64 alla G.U. n. 162 del 13 luglio 1993) Errata corrige (G.U. n. 257 del 2 novembre 1993)

▶ **Decreto 15 luglio 1993, n. 322**
Regolamento recante aggiornamento del decreto ministeriale 21 marzo 1973

riguardante la disciplina igienica degli imballaggi, recipienti, utensili destinati a venire in contatto con le sostanze alimentari o con sostanze d'uso personale. (G.U. n. 199 del 25 agosto 1993)

➤ **Decreto 3 giugno 1994, n. 511**
Regolamento recante aggiornamento del decreto ministeriale 21 marzo 1973 riguardante la disciplina igienica degli imballaggi, recipienti, utensili destinati a venire in contatto con le sostanze alimentari o con sostanze d'uso personale. (G.U. n. 198 del 25 agosto 1994)

➤ **Decreto 28 ottobre 1994, n. 735**
Regolamento recante aggiornamento del decreto ministeriale 21 marzo 1973 riguardante la disciplina igienica degli imballaggi, recipienti, utensili destinati a venire in contatto con le sostanze alimentari o con sostanze d'uso personale. Attuazione delle direttive 93/8/CEE e 93/9/CE. (G.U. n. 1 del 2 gennaio 1995)

➤ **Decreto 8 febbraio 1995**
Recepimento della direttiva 93/11/CEE della Commissione del 15 marzo 1993 concernente la liberazione di N-nitrosammine e di sostanze N-nitrosabili da succhiotti e tettarelle di elastomero o di gomma naturale. (G.U. n. 68 del 22 marzo 1995)

➤ **Decreto 24 febbraio 1995, n. 156**
Regolamento recante aggiornamento del decreto ministeriale 21 marzo 1973 riguardante la disciplina igienica degli imballaggi, recipienti, utensili destinati a venire in contatto con le sostanze alimentari o con sostanze d'uso personale. (G.U. n. 103 del 5 maggio 1995)

➤ **Decreto 13 luglio 1995, n. 405**
Regolamento recante aggiornamento del decreto ministeriale 18 febbraio 1984 concernente la disciplina dei contenitori in banda stagnata saldati con lega stagno- piombo ed altri mezzi. (G.U.n. 228 del 29 settembre 1995)

➤ **Decreto 24 settembre 1996, n. 572**
Regolamento recante aggiornamento del decreto ministeriale 21 marzo 1973 riguardante la disciplina igienica degli imballaggi, recipienti, utensili destinati a venire in contatto con le sostanze alimentari o con sostanze d'uso personale. Recepimento della direttiva 95/3/CE. (S.O.
n. 195 alla G.U. n. 264 dell'11 novembre 1996)

➤ **Decreto 6 febbraio 1997, n. 91**

Regolamento recante aggiornamento del decreto ministeriale 21 marzo 1973 riguardante la disciplina igienica degli imballaggi, recipienti, utensili destinati a venire in contatto con le sostanze alimentari o con sostanze d'uso personale. Recepimento della direttiva 96/11/CE. (G.U. n. 77 del 3 aprile 1997)

➤ **Decreto 22 luglio 1998, n. 338**
Regolamento recante aggiornamento del decreto ministeriale 21 marzo 1973 riguardante la disciplina igienica degli imballaggi, recipienti, utensili destinati a venire in contatto con le sostanze alimentari o con sostanze d'uso personale. Recepimento della direttiva n°97/48/CE. (G.U. n. 228 del 30 settembre 1998)

➤ **Decreto 4 agosto 1999, n. 322**
Regolamento recante aggiornamento del decreto ministeriale 21 marzo 1973 concernente la disciplina igienica degli imballaggi, recipienti, utensili destinati a venire in contatto con le sostanze alimentari o con sostanze d'uso personale. (G.U. n. 218 del 16 settembre 1999) Errata corrige (G.U. n. 252 del 26 ottobre 1999)

➤ **Decreto 17 dicembre 1999, n. 538**
Regolamento recante aggiornamento del decreto ministeriale 21 marzo 1973 concernente la disciplina igienica degli imballaggi, recipienti, utensili destinati a venire in contatto con le sostanze alimentari o con sostanze d'uso personale. (G.U. n. 28 del 4 febbraio 2000)

➤ **Decreto 15 giugno 2000, n. 210**
Regolamento recante aggiornamento del decreto ministeriale 21 marzo 1973 concernente la disciplina igienica degli imballaggi, recipienti, utensili destinati a venire in contatto con le sostanze alimentari o con sostanze d'uso personale. Recepimento della direttiva n. 99/91/CE (G.U. n. 175 del 28 luglio 2000)

➤ **Decreto 1° dicembre 2000, n. 411**
Regolamento recante aggiornamento del decreto ministeriale 21 marzo 1973 concernente la disciplina igienica degli imballaggi, recipienti, utensili destinati a venire in contatto con le sostanze alimentari o con sostanze d'uso personale. (G.U. n. 11 del 15 gennaio 2001)

➤ **Decreto 30 maggio 2001, n. 267**
Regolamento recante aggiornamento del decreto ministeriale 21 marzo 1973 concernente la disciplina igienica degli imballaggi, recipienti, utensili destinati a venire in contatto con le sostanze alimentari o con sostanze d'uso personale.

(G.U. n. 155 del 6 luglio 2001)

▶ **Decreto 28 marzo 2003, n. 123**
Regolamento recante aggiornamento del decreto ministeriale 21 marzo 1973, concernente la disciplina igienica degli imballaggi, recipienti, utensili destinati a venire in contatto con le sostanze alimentari o con sostanze d'uso personale. Recepimento delle Direttive 2001/62/CE, 2002/16/CE e 2002/17/CE. (G.U. n.125 del 31 maggio 2003)

Regolamento (CE) n. 1895/2005 relativo alla restrizione dell'uso di alcuni derivati epossidici in materiali e oggetti destinati a entrare in contatto con prodotti alimentari (G.U.U.E. serie L 302 del 19 novembre 2005)

▶ **Decreto 22 dicembre 2005, n. 299**
Regolamento recante aggiornamento del decreto ministeriale 21 marzo 1973, concernente la disciplina igienica degli imballaggi, recipienti, utensili destinati a venire in contatto con le sostanze alimentari o con sostanze d'uso personale. (G.U. n. 37 del 14 febbraio 2006)

▶ **Decreto 4 maggio 2006, n. 227**
Regolamento recante aggiornamento del decreto ministeriale 21 marzo 1973, concernente la disciplina igienica degli imballaggi, recipienti, utensili destinati a venire in contatto con le sostanze alimentari o con sostanze d'uso personale. Recepimento delle direttive 2004/1/CE, 2004/13/CE e 2004/19/CE. (G.U. n. 159 dell'11 luglio 2006)

▶ **Decreto 1 febbraio 2007**
Recepimento della direttiva n.2005/31/CE della Commissione del 29 aprile 2005, che modifica la direttiva 84/500/CEE del Consiglio, per quanto riguarda una dichiarazione di conformità ed i criteri di efficienza dei metodi di analisi per gli oggetti di ceramica, destinati ad entrare in contatto con i prodotti alimentari. G.U. n. 66 del 20 marzo 2007)
Regolamento (CE) n. 372/2007 che fissa i limiti di migrazione transitori per plastificanti impiegati nelle guarnizioni dei coperchi destinati a venire a contatto con gli alimenti. (G.U.U.E. serie L. 92 del 3 aprile 2007)

▶ **Decreto 18 aprile 2007, n. 76**
Regolamento recante la disciplina igienica dei materiali e degli oggetti di alluminio e di leghe di alluminio destinati a venire a contatto con gli alimenti.

(G. U. n. 141 del 20 giugno 2007)

➤ **Decreto 18 aprile 2007, n. 82**
Regolamento recante aggiornamento del decreto ministeriale 21 marzo 1973, concernente la disciplina igienica degli imballaggi, recipienti, utensili destinati a venire in contatto con le sostanze alimentari o con sostanze d'uso personale. Recepimento della direttiva 2005/79/CE (S.O. n. 149/L alla G.U. n. 151 del 2 luglio 2007)

➤ **Decreto 25 settembre 2007, n. 217**
Regolamento recante aggiornamento del decreto ministeriale 21 marzo 1973, concernente la disciplina igienica degli imballaggi, recipienti, utensili destinati a venire in contatto con le sostanze alimentari o con sostanze d'uso personale. (G.U. n. 270 del 20 novembre 2007)

➤ **Decreto 12 dicembre 2007, n. 270**
Regolamento recante aggiornamento del decreto 21 marzo 1973, recante la disciplina degli imballaggi, recipienti, utensili destinati a venire a contatto con le sostanze alimentari o con sostanze d'uso personale. (G.U.R.I. n. 33 dell'8 febbraio 2008)

Regolamento (CE) n. 282/2008 del 27 marzo 2008 relativo ai materiali e agli oggetti di plastica riciclata destinati al contatto con gli alimenti e che modifica il regolamento (CE) n. 2023/2006. (G.U.U.E. L 86 del 20 marzo 2008)

Regolamento (CE) n. 597/2008 del 24 giugno 2008 recante modifica del regolamento (CE) n.372/2007 che fissa limiti di migrazione transitori per plastificanti impiegati nelle guarnizioni dei coperchi destinati a venire a contatto con gli alimenti. (G.U.U.E. L 164 del 25 giugno 2008)

➤ **Decreto 24 settembre 2008, n.174**
Regolamento recante aggiornamento del decreto ministeriale 21 marzo 1973, concernente la disciplina igienica degli imballaggi, recipienti, utensili destinati a venire in contatto con le sostanze alimentari o con sostanze d'uso personale. Recepimento della direttiva 2007/19/CE. (S.O. n. 246/L n.261 del 7 novembre 2008)

➤ **Decreto 23 aprile 2009**
Aggiornamento del decreto ministeriale 21 marzo 1973, concernente

CAPITOLO 5

la disciplina igienica degli imballaggi, recipienti, utensili destinati a venire a contatto con le sostanze alimentari o con sostanze d'uso personale. Recepimento della direttiva 2008/39/CE (G.U.R.I. n. 144 del 24 giugno 2009) Errata corrige (G.U.R.I. n. 147 del 27 giugno 2009 e G.U.R.I n. 160 del 13 luglio 2009)

Regolamento (CE) n. 450/2009 del 29 maggio 2009 concernente i materiali attivi e intelligenti destinati a venire a contatto con gli alimenti (G.U.U.E. serie L 135 del 20 maggio 2009)

Regolamento (CE) n. 975/2009 del 19 ottobre 2009 che modifica la direttiva 2002/72/CE relativa ai materiali e oggetti di materia plastica destinati a venire a contatto con i prodotti alimentari (G.U.U.E. L 274 del 20 ottobre 2009)

➤ **Decreto 18 maggio 2010, n. 113**
Regolamento recante aggiornamento del decreto ministeriale 21 marzo 1973, concernente la disciplina igienica degli imballaggi, recipienti, utensili destinati a venire a contatto con le sostanze alimentari o con sostanze d'uso personale, limitatamente alle bottiglie in polietilentereftalato riciclato (G.U.R.I. n. 168 del 21 luglio 2010)

Regolamento (UE) n. 10/2011 della Commissione del 14 gennaio 2011 riguardante i materiali e gli oggetti di materia plastica destinati a venire a contatto con i prodotti alimentari (G.U.U.E. L 12 del 15 gennaio 2011)
Rettifica (G.U.U.E. L 278 del 25 ottobre 2011)

➤ **Decreto 16 febbraio 2011**
Recepimento della direttiva n.2011/8/UE della Commissione del 28 gennaio 2011 che modifica la direttiva 2002/72/CE per quanto riguarda le restrizioni d'impiego del bisfenolo A nei biberon di plastica (G.U.R.I. n. 63 del 18 marzo 2011)

Regolamento (UE) N. 284/2011 della Commissione del 22 marzo 2011 che stabilisce condizioni particolari e procedure dettagliate per l'importazione di utensili per cucina in plastica a base di poliammide e di melammina originari della Repubblica popolare cinese e della regione amministrativa speciale di Hong Kong, Cina, o da esse provenienti (G.U.U.E. L 77 del 23 marzo 2011)

Regolamento (UE) n. 321/2011 della Commissione del 1° aprile 2011 che modifica il regolamento (UE) n. 10/2011 per quanto riguarda le restrizioni d'uso

del bisfenolo A nei biberon di plastica (G.U.U.E. L 87 del 2 aprile 2011)
Regolamento (UE) n. 1282/2011 della Commissione del 28 novembre 2011 che modifica e corregge il regolamento (UE) n.10/2011 della Commissione riguardante i materiali e gli oggetti di materia plastica destinati a venire a contatto con i prodotti alimentari (G.U.U.E. L 328 del 10 dicembre 2011)

➤ **Decreto 4 aprile 2012, n.72**
Regolamento concernente aggiornamento del decreto del Ministro della sanità 21 marzo 1973, recante: «Disciplina igienica degli imballaggi, recipienti, utensili destinati a venire in contatto con le sostanze alimentari o con sostanze d'uso personale» limitatamente alle carte e cartoni. (G.U.R.I. n. 129 del 5 giugno 2012)

➤ **Decreto 16 aprile 2012, n. 77**
Regolamento recante aggiornamento del decreto del Ministro della sanità 21 marzo 1973, recante: "Disciplina igienica degli imballaggi, recipienti, utensili destinati a venire in contatto con le sostanze alimentari o con sostanze d'uso personale, limitatamente alle cassette in polipropilene e polietilene riciclato (G.U.R.I. n. 135 del 12 giugno 2012)

➤ **Decreto 9 luglio 2012, n. 139**
Regolamento recante integrazioni al decreto del Ministro della sanità 21 marzo 1973 recante:
«Disciplina igienica degli imballaggi, recipienti, utensili destinati a venire a contatto con le sostanze alimentari o con sostanze d'uso personale», inerenti le bottiglie in polietilentereftalato riciclato. (G.U.R.I. n. 191 del 17 agosto 2012)

Regolamento (UE) n. 1183/2012 della Commissione del 30 novembre 2012 che modifica e corregge il regolamento (UE) n.10/2011 riguardante i materiali e gli oggetti di materia plastica destinati a venire a contatto con i prodotti alimentari (G.U.U.E. L 338 del 12 dicembre 2012)

➤ **Decreto 4 febbraio 2013, n. 23**
Regolamento relativo all'aggiornamento del decreto del Ministro della sanità 21 marzo 1973, recante: «Disciplina igienica degli imballaggi, recipienti, utensili destinati a venire in contatto con le sostanze alimentari o con sostanze d'uso personale», (G.U.R.I. n. 71 del 25 marzo 2013)

➤ **Decreto 20 settembre 2013 , n. 134**
Regolamento recante aggiornamento del decreto del Ministro della sanità 21 marzo 1973, recante: «Disciplina igienica degli imballaggi, recipienti, utensili

destinati a venire a contatto con le sostanze alimentari o con sostanze d'uso personale», limitatamente a bottiglie e vaschette in polietilentereftalato riciclato (G.U.R.I. n. 285 del 5 dicembre 2013)

➤ **Decreto 11 novembre 2013 , n. 140**
Regolamento recante aggiornamento al decreto del Ministro della sanità 21 marzo 1973 recante: "Disciplina igienica degli imballaggi, recipienti, utensili destinati a venire a contatto con le sostanze alimentari o con sostanze d'uso personale" limitatamente agli acciai inossidabili (G.U.R.I. n. 294 del 16 dicembre 2013)

Regolamento (UE) n. 202/2014 della Commissione del 3 marzo 2014
che modifica il regolamento (UE) n. 10/2011 riguardante i materiali e gli oggetti di materia plastica destinati a venire a contatto con i prodotti alimentari (G.U.U.E L62 del 4 marzo 2014)

Regolamento (UE) n. 174/2015 della Commissione del 5 febbraio 2015
che modifica e rettifica il regolamento (UE) n. 10/2011 riguardante i materiali e gli oggetti di materia plastica destinati a venire a contatto con i prodotti alimentari (G.U.U.E L 30 del 6 febbraio 2015)

➤ **Decreto 6 agosto 2015, n. 195**
Regolamento recante aggiornamento limitatamente agli acciai inossidabili al decreto del Ministro della sanità 21 marzo 1973, recante: "Disciplina igienica degli imballaggi, recipienti, utensili destinati a venire a contatto con le sostanze alimentari o con sostanze d'uso personale". (G.U.R.I n.288 dell'11 dicembre 2015)

➤ **Decreto 31 maggio 2016, n. 142**
Regolamento recante aggiornamento al decreto del Ministro della sanità 21 marzo 1973 concernente la "Disciplina igienica degli imballaggi, recipienti, utensili destinati a venire a contatto con le sostanze alimentari o con sostanze d'uso personale" limitatamente agli oggetti di cellulosa rigenerata (G.U.R.I. n. 173 del 26 luglio 2016)

capitolo 6

AGENZIA DELLE DOGANE
PER L'IMPORTATORE

L'utente deve produrre la sotto elencata documentazione specifica

- Fattura
- Documento di trasporto/polizza di carico/cmr
- Dichiarazione di conformità – materiali a contatto con gli alimentii
- Se richiesto dall'USMAF copia di test report
- Attestazione di versamento del tributo dovuto al Ministero della Salute

DICHIARAZIONE DI CONFORMITA' – MATERIALI A CONTATTO CON GLI ALIMENTI
Deve essere redatta (datata e firmata) dal PRODUTTORE o dall'IMPORTATORE e contenere:
- Un chiaro ed univoco riferimento alla partita in importazione (nr. Fattura e data di emissione della stessa)
- Dati identificativi del PRODUTTORE
- Dati identificativi dell'IMPORTATORE
- Indicazione del tipo di materiale oggetto della richiesta e destinazione d'uso (es. art. casalinghi in ceramica per alimenti)
- Numero del lotto
- Data e firma del responsabile
- La conformità alla normativa di riferimento generale (reg. CE 1935/2004) ed in aggiunta, in base al tipo di materiale, deve riportare il riferimento specifico (vedi TABELLA NORMATIVE SPECIFICHE*)

CAPITOLO 6

*TABELLA NORMATIVE SPECIFICHE

MATERIALE	NORMA SPECIFICA COMUNITARIA	NORMA SPECIFICA NAZIONALE
Acciaio (composizione)		D.M. 21/03/1973 e s.m.i. art.5 DL 108/92
Acciaio inox (numero AISI)		D.M. 21/03/1973 e s.m.i. DM 195/2015 D 140/2013
Alluminio		D.M. 76 del 18/04/2007
Banda cromata		D.M. 243 del 01/06/1988
Banda stagnata		D.M. 18/02/1984 D.M. 405/1995
Carta, cartone, cellulosa, legno, gomma, silicone		D.M. 21/03/1973 e s.m.i.
Carta paraffinata	D.L. 108/1992	
Ceramiche	Dir. 2005/31	D.M. 1/2/2007
Materiali intelligenti attivi	Reg. (UE) n. 450/2009	
Plastica (tipo es. polietilene, polipropilene,…)	Reg. (UE) n. 10/2011 e s.m.i. Reg. (UE) n. 1183/2012	
Plastiche riciclate	Reg. (UE) n. 282/2008	
Poliammide e Melammina origine Cina	Reg. (UE) n. 284/2011 (compilare allegato specifico ed allegare copia test report)	
Rivestimenti antiaderenti		D.M. 21/03/1973 e s.m.i.
Vetro (categoria: A, B o C)		D.M. 21/03/1973 e s.m.i.

PER RIMANERE AGGANCIATI A NOI

www.macchinariosicuro.it
www.certificazionece.it
www.costruttoremacchineprotetto.it

https://www.youtube.com/user/MarcaturaCE

https://www.spreaker.com/show/macchinario-sicuro

https://www.facebook.com/Marcaturace/

amazon.it prime | Libri ▼ | Delaini

Il caos dei recipienti in pressione. Evita le fregature della PED
Copertina rigida – 12 ott 2017
di Claudio Delaini (Autore), Renato Delaini (Autore)

È un libro scritto per chi cerca una guida snella, essenziale ed efficace con lo scopo di chiarire le idee. A chi è diretto: - RSPP - Dirigenti - Capo fabbrica - Preposti di stabilimento. Per chi ha sviluppato una professionalità su campi ed argomenti diversi e non ha tempo per approfondire la sicurezza dei macchinari e dei recipienti in pressione. Credi davvero che nella tua fabbrica non ci sia la PED? Come puoi saperlo? Come te la puoi cavare? Con questo libro ti libererai della paura di non saper cosa fare. Camminerai con noi per uscire dal caos della PED. Con questo libro potrai imparare a riconoscere se sei in PED, quali strumenti puoi usare per sistemare, come puoi trattare con gli enti preposti per valorizzare al meglio la tua situazione. Hai tra le mani un libro pratico, ricco di esperienze e soluzioni pratiche, senza perdersi nel labirinto delle norme.

Delaini Magazine. Sicurezza Macchine e vita di fabbrica
Copertina rigida – 25 feb 2017
di Claudio Delaini (Autore), Renato Delaini (Autore)

Ci siamo messi in gioco e abbiamo creato questo numero pilota di una rivista che stiamo pensando di creare. Abbiamo messo 6 articoli pratici e immediatamente utili per chi usa macchinari in fabbrica e vive la fabbrica. I nostri 6 articoli parlano di macchinari in pressione, i pericoli del comando da remoto, la verifica di primo impianto, cosa controllare quando arriva un nuovo macchinario, i 3 errori tipici sui macchinari autocostruiti e così via... Abbiamo fatto scrivere articoli immediatamente utili a professionisti che risolvono problemi di fabbrica diversi dai nostri. Giovanni Pagliardini parla di come rendere il capannone antisismico, Massimo Piazzoli parla di come comprare e controllare le scaffalature, Diego Perfettibile di ventilatori industriali, Stefano Schmidt della privacy in fabbrica quando devi riprendere i macchinari che producono, Michele Dimonte parla di come diventare CPT e infine Stefano Scanavino parla di Risk Management. Martina Fragale, giornalista, ha inoltre intervistato Ornella Auzino che produce borse Marco Verderio che produce il retro delle figurine adesive, Lucio Pellanda che produce mobili... ognuno di loro ha contribuito con un esperienza pratica.

Non desiderare la colpa d'altri. Il primo comandamento per la sicurezza dei tuoi macchinari
Copertina flessibile – 23 nov 2016
di Claudio Delaini (Autore), Renato Delaini (Autore)
★★★★☆ ▼   15 recensioni clienti

Tutti deleghiamo di fatto quando lavoriamo in un impresa industriale. Spesso capita che le macchine vengano modificate, che il loro uso cambi nel tempo. Questo può creare problemi, può causare incidenti. Qualcuno si può fare male. In quel momento lo stato chiede conto e il direttore e/o titolare rimangono sorpresi. Non pensano di avere responsabilità in merito. E invece... Fai attenzione a non prenderti responsabilità non tue. In questo libro parliamo di questo, della vita reale in fabbrica e di come risolvere il problema della sicurezza dei macchinari. Suggeriamo un metodo per rendere tutto più evidente, le carte servono e vanno fatte bene. Farle, tanto per... non serve a nessuno.

www.ingramcontent.com/pod-product-compliance
Lightning Source LLC
Chambersburg PA
CBHW040332220526
45473CB00009B/2663